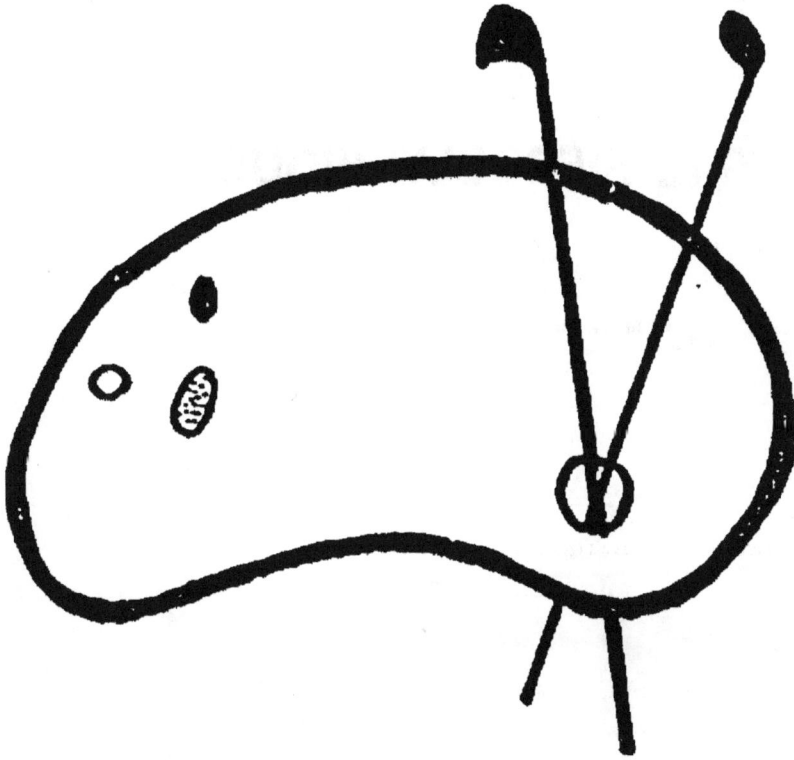

DEBUT D'UNE SERIE DE DOCUMENTS
EN COULEUR

INSTITUT ÉGYPTIEN

NOTE

SUR

UN SIGNE HIÉROGLYPHIQUE

PAR

M. G. DARESSY

Communication faite à l'Institut égyptien dans la séance du 4 Mai 1894.

LE CAIRE

IMPRIMERIE NATIONALE

1894

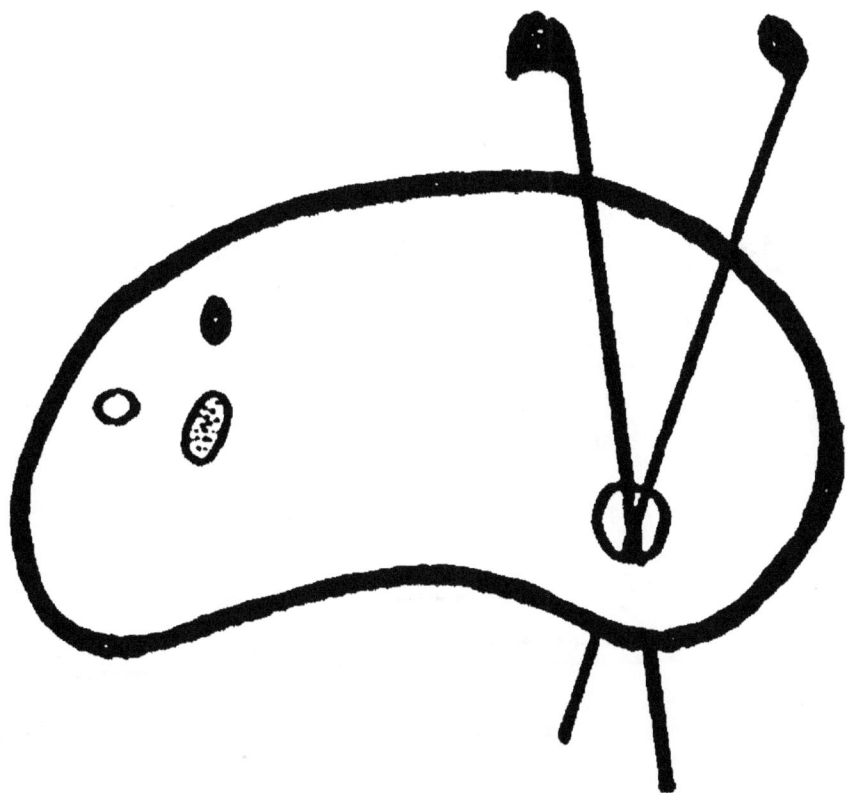

FIN D'UNE SERIE DE DOCUMENTS
EN COULEUR

INSTITUT ÉGYPTIEN

NOTE

sur

UN SIGNE HIÉROGLYPHIQUE

par

M. G. DARESSY

Communication faite à l'Institut égyptien dans la séance de 4 Mai 1894.

LE CAIRE

IMPRIMERIE NATIONALE

1894

NOTE

sur

UN SIGNE HIÉROGLYPHIQUE

—·◦▸◂◦·—

Dans les dernières séances de l'Institut, M. Groff annonçait avoir reconnu sur les monuments égyptiens la figuration du phénomène du rayon vert et tirait de ce fait plusieurs hypothèses archéologiques. Les documents apportés à l'appui de ces théories ne m'ont pas paru faire la preuve et je crois qu'il y a lieu de modifier les conclusions formulées par mon confrère.

Le nœud de la question se trouve dans la détermination de la nature de l'objet représenté par le signe (fig. 1) et ses variantes (fig. 2. 3), etc.

La signification primitive de cet hiéroglyphe est « se lever » et comme le mot qu'il sert à écrire est employé souvent dans les textes à propos du lever du soleil, on pense communément qu'il représente le soleil, projetant ses premiers rayons au sortir de l'horizon.

Les monuments coloriés montrent ce signe peint de diverses façons : sur la stèle n° 65 du Musée de Ghizeh (VIᵉ dynastie) il est orné ainsi qu'on le voit à la fig. 4; sur un bas-relief trouvé à Illahoun (XIIᵉ dynastie) il se présente ainsi qu'on le voit à la fig. 5.

Les bijoux de Dahchour nous fournissent encore deux exemples de ce signe, dont les couleurs sont fournies par des incrustations de lapis-lazuli, de turquoise et de cornaline (voir fig. 6 et 7).

Est-il probable qu'en peignant ainsi le caractère hiéroglyphique, les Égyptiens aient eu l'intention de représenter le phénomène du rayon vert? Plusieurs arguments me semblent indiquer que telle n'a pas été leur pensée.

1° Ce n'est pas le vert, mais le bleu qui est la couleur dominante et la zone extérieure paraît peinte indifféremment de l'une ou de l'autre de ces teintes.

2° On sait que le rayon vert est un phénomène dû à une illusion d'optique, qu'on ne voit que dans certaines circonstances difficiles à réunir. Lorsque l'air est absolument calme, très sec, que la ligne d'horizon est unie, comme sur mer ou dans le désert Libyque, derrière les grandes pyramides, au moment précis ou le soleil disparaît, l'observateur qui a fixé le disque pendant sa descente aperçoit un trait lumineux d'une durée infiniment courte et d'un vert éclatant, c'est-à-dire de la couleur complémentaire du rouge qui vient de s'éclipser.

Le phénomène est si net qu'il est à portée de tout le monde de l'observer; mais mon honorable confrère parle d'un rayon vert au lever du soleil. Les conditions requises ne se trouvent plus réunies : l'astre étant plus brillant que le ciel, son apparition ne peut donner lieu à une impression lumineuse de couleur inverse, surtout au Caire où la vue est bornée par la montagne relativement haute du Mokattam, le champ d'éclairage est déjà assez vaste lorsque le disque devient visible pour qu'un contraste violent n'ait pas lieu.

Ce ne peut donc être que par une prédisposition spéciale aux illusions d'optique, une sorte de daltonisme, que certaines personnes croient voir le disque émettre une lumière verte à son lever.

Si donc les Égyptiens n'ont pas représenté le rayon vert avec le soleil couchant, il est fort improbable qu'ils l'aient reproduit avec le soleil levant.

3° Comment expliquer ce bariolage par bandes concentriques qui n'éveillent guère l'idée d'une représentation du soleil levant. Alors que l'apparition de l'astre est accompagnée d'un embrasement du ciel, les anciens auraient-ils peint ce phénomène avec le bleu comme tonalité dominante, allant même jusqu'à en bannir le rouge. Si les zones superposées avaient mission de simuler les teintes de la voûte céleste à l'orient, la série des couleurs du spectre aurait été observée, soit pour leur palette le bleu, le vert, le jaune et le rouge. Non seulement cet ordre n'est pas suivi mais il y a des répétitions et des interversions.

4° Nous venons de voir qu'il n'y a pas imitation de la nature, une loi religieuse aurait-elle déterminé cette coloration? Une règle reconnue depuis longtemps en égyptologie est que le rouge est la couleur des êtres en vie et celle du feu, le vert, couleur des corps en décomposition est celle de la mort ; aussi Osiris roi des morts, a-t-il la figure verte. Le Soleil lui-même, incarné dans le disque, est assimilé aux humains et comme eux sujet à la mort. Le jour la couleur rouge lui appartient ; la nuit il est un défunt soleil, et confondu avec Osiris, il en prend la carnation.

Donc si les Egyptiens, dans les scènes funéraires, peignent le disque solaire en vert, ce n'est pas une preuve qu'ils ont observé le rayon vert : on ne peut voir dans ce fait que l'application d'une règle d'usage constant. Cette règle va même à l'encontre du bariolage du signe qui nous occupe : dès que le soleil apparait au-dessus de l'horizon il est considéré comme vivant : tout le caractère devrait alors être rouge.

On ne parvient donc pas mieux à expliquer la coloration au point de vue symbolique qu'au point de vue de l'imitation de la nature.

Ces arguments m'ont conduit à mettre en doute l'interprétation même que l'on donne de l'objet représenté par cet hiéroglyphe.

En Egypte le soleil parait se lever et se coucher dans le désert ; or, pour le contemporain des Pharaons de même que pour le fellah de nos jours, l'idée de désert était inséparable de celle de montagne ; aussi dans un signe qui montre incontestablement le soleil à l'horizon (fig. 8), le disque est placé entre deux montagnes. Dans le signe en question il n'en est pas de même et la base, parfaitement droite, me confirme dans l'idée qu'il faut trouver une autre explication.

Dans l'exemple tiré du bas-relief d'Illahoun, le plus complet et le plus soigné comme exécution, on remarquera que les couleurs sont distribuées suivant l'ordre adopté par les Egyptiens comme série harmonique : le bleu est placé entre le rouge et le vert de manière à produire indéfiniment la succession bleu, vert, bleu, rouge.

Cette gamme de tons est d'un usage constant : en architecture on l'emploie pour la peinture des plumes ornant la corniche des monuments, pour la décoration des façades des maisons, telles qu'elles sont figurées dans les bas-relief ; les colliers et ouvrages en perles, les sièges des divinités présentent des quantités d'exemples de l'emploi de ces couleurs dans cet ordre. Cette constatation n'est pas de nature à aider dans la détermination de l'objet, puisqu'elle

montre que les teintes du signe sont conventionnelles. Je pense nous
qu'on doit voir dans ce caractère un couvercle de coffre.

Les boîtes antiques étaient souvent fermées par un cercle semi-
circulaire maintenu par les montants des angles ou les planchettes
des côtés latéraux. Le modèle adopté dès l'ancien empire a été copié
jusqu'aux époques les plus récentes. La découverte du tombeau de
Sennedjem en 1885 a enrichi le musée d'une série de coffrets en
bois ayant précisément cette forme. En comparant la décoration du
couvercle d'une de ces boîtes (fig. 9) et le signe *khâ* on remarque
la plus grande analogie, la différence consiste seulement dans
l'absence de la crête. Sur les sarcophages, les génies et divinités
funéraires sont fréquemment représentés comme s'ils étaient enfer-
més dans des caisses de cette même forme, afin d'être obligés de
rester à côté du mort qu'ils devaient protéger. Souvent le couvercle
en est seul figuré, isolé ou avec le haut des montants, et la partie
arrondie est peinte suivant l'ordre habituel des couleurs. La fig. 10
dans laquelle le disque solaire accompagné de deux âmes est au-dessus du couvercle, prouve une fois de plus que la gamme de tons est
indépendante des effets de lumière produits par le soleil.

Un cercueil m'a fourni une forme plus complète qui m'a mis sur
la voie du rôle à attribuer à la bande supérieure. C'est le type de la
fig. 11, dans lequel une série de gouttes surmonte la partie pleine.

Lorsque les divinités sont représentées enfermées dans un coffre,
le couvercle est parfois surmonté d'une série d'uræus dressés soit de
profil, soit de face (fig. 12), les gouttes ne sont qu'une abréviation
du dessin de ces reptiles symboliques.

Mais le dessin se simplifiant de plus en plus, des lignes droites
ont remplacé les courbes, des sortes de créneaux ont été substitués
aux serpents, c'est ce qu'on voit fig. 4. Enfin la peinture de ces
petites pièces demandant un certain soin, les artistes les ont suppri-
mées et ont donné au signe la forme qu'on lui voit ordinairement.

Mes conclusions seront donc : 1° que ce signe est l'imitation d'un
couvercle de coffre, image assez bien choisie puisque ces couvercles
« se levaient » et que par métaphore on trouve le sens primitif
requis pour cet hiéroglyphe, 2° que les couleurs qui l'ornent sont
purement conventionnelles et sans rapport avec la coloration du
ciel au lever du soleil.

G. Daressy.

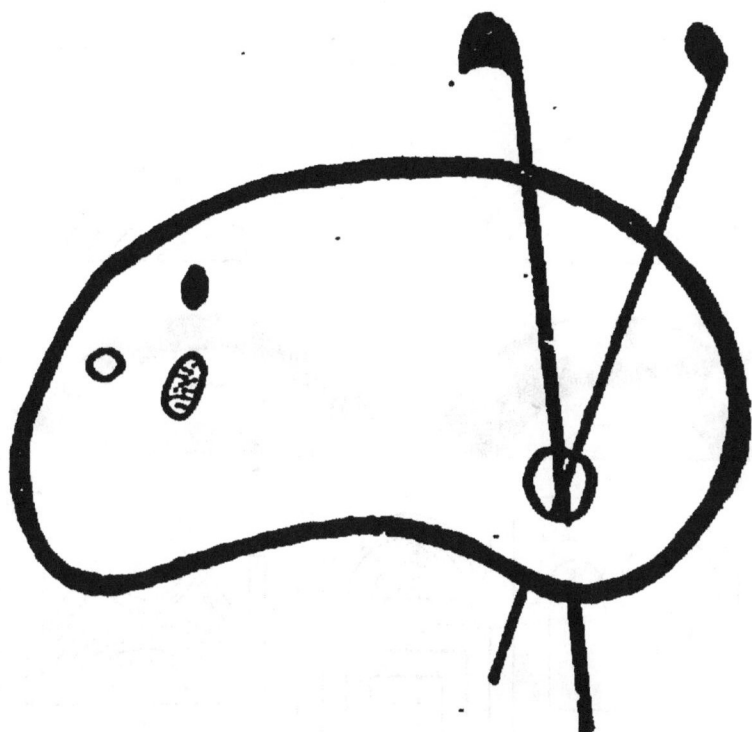

ORIGINAL EN COULEUR
Nº Z 43-120-8

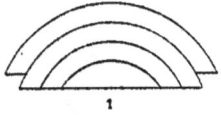

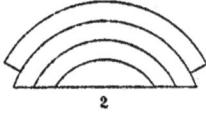

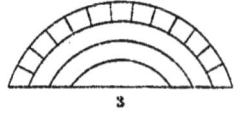

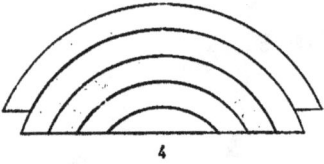

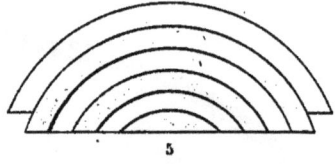

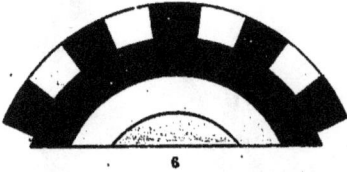

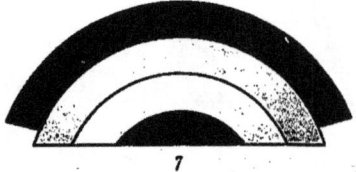

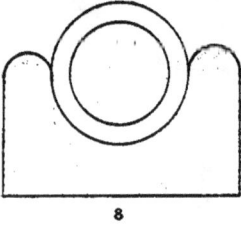

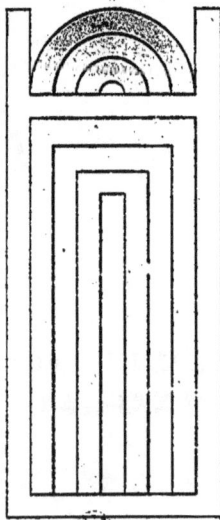

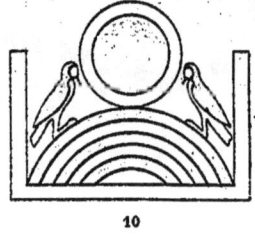

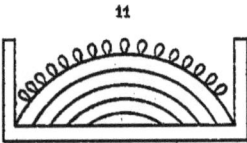

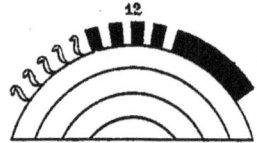

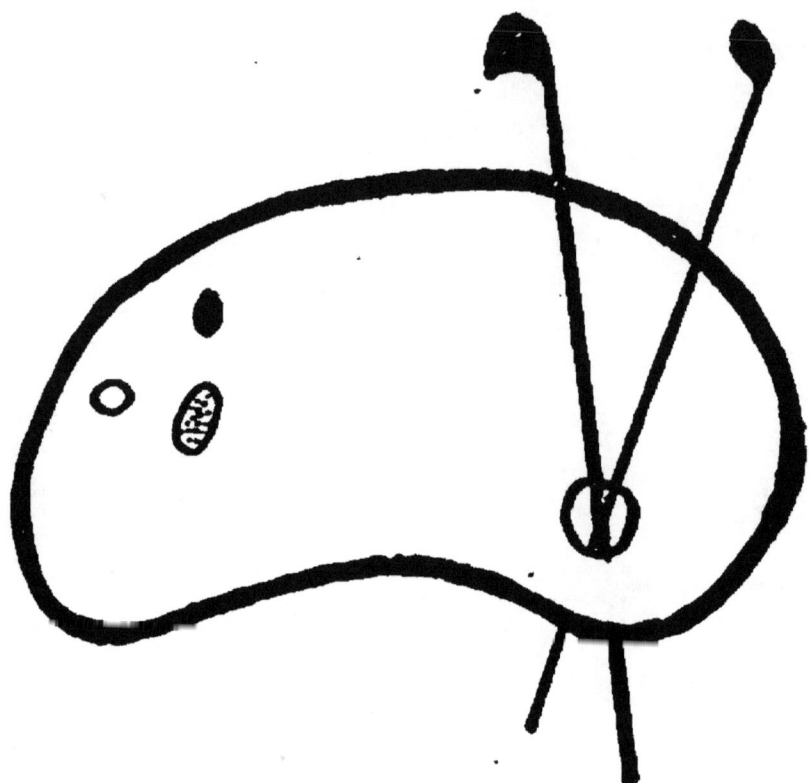

ORIGINAL EN COULEUR
NF Z 43-120-8